NAPOLÉON III

ET

LES ÉTABLISSEMENTS THERMAUX

DES HAUTES-PYRÉNÉES

PAR

EUGÈNE DANOS

TARBES

IMPRIMERIE DE PERROT-PRAT, PLACE DU MARCADIEU

1859

L'auteur de ces pages demande pour elles l'indulgence du lecteur. Ecrites et imprimées en moins de huit jours, on y trouvera bien des négligences, bien des oublis. Qu'on rejette les unes et les autres autant sur l'insuffisance de l'auteur, que sur le peu de temps dont il a pu disposer.

NAPOLÉON III

ET

LES ÉTABLISSEMENTS THERMAUX

DES HAUTES-PYRÉNÉES.

I.

Le département des Hautes-Pyrénées comprend deux zônes bien distinctes.

L'une, qui se compose de la plaine de l'Adour et des coteaux voisins, est une contrée fertile et essentiellement agricole. Elle produit à la fois, des céréales, du vin, du fourrage.

L'autre, au contraire, qui forme la partie méridionale du département, est une région montagneuse, stérile, couverte de vastes forêts, à peu-près inexploitables. On y trouve aussi, partout où le granit a laissé une chétive place à la terre végétale, des pâturages estimés, mais restreints. Aussi l'élève du bétail est-elle la seule branche de l'industrie agricole, qui offre quelque chance de succès. Le sol peu profond, les froids hâtifs et prolongés, la déclivité, souvent très forte, du terrain sont autant d'obstacles à la culture des plantes alimentaires, culture bien peu productive malgré les efforts prodigieux des habitants pour l'introduire chez eux.

La nature n'a cependant pas complètement déshérité cette région.

Outre les nombreuses sources d'eau minérale chaude ou froide dont elle l'a dotée, elle semble avoir prédestiné ce pays à l'industrie, en répandant à profusion des chutes d'eau, ce moteur par excellence, et en y faisant la vie animale à bon marché.

Cependant, on voit peu d'industries dans la montagne. L'arrondissement d'Argelés, tout entier, ne possède aucune usine, si l'on en excepte l'exploitation primitive et irrégulière de quelques scieries de bois, de quelques carrière de pierre ou de schiste. (1)

L'arrondissement de Bagnères est plus favorisé sous ce rapport. A Bagnères même, l'exploitation des marbres occupe un grand nombre d'ouvriers. La fabrication des lainages emploie également une énorme quantité de femmes, et enfin tout récemment on a construit des tourneries mécaniques pour le buis.

Toutes ces industries sont à l'état d'industries sérieuses, et par leurs produits et par les bénéfices qu'elles procurent.

Mais ces bénéfices qui, en s'ajoutant au produit des sources minérales, ont fait de Bagnères une très-remarquable exception dans le pays, à qui les doit-on? Est-ce à des bagnérais industrieux?

Hélas! non. Quelque part qu'on le prenne, le montagnard de notre pays est indolent et apathique. Il professe pour les vieilles coutumes, pour les choses qu'il a toujours pratiquées, un culte irraisonné et souvent absurde. Il redoute par-dessus tout les innovations, et si futile que soit l'idée nouvelle qu'on lui présente, il refuse de l'admettre par cela seul qu'elle est nouvelle.

Les habitants des villes, même les plus éclairés, ne sont pas exempts de ces défauts, et il en existe plus d'un, qui, tout en prônant le progrès, se refuse à l'appliquer s'il doit en faire la première expérience.

---

(1) Je ne comprends pas parmi les industries celles des tissus de Barèges : j'espère que les *fabricants* de cette localité, me permettront, sans trop m'en vouloir, de ne pas les prendre au sérieux.

Qu'on juge après cela des ignorants, et malheureusement ce sont les plus nombreux.

On conçoit aisément, d'après cette peinture du caractère de mes compatriotes, que si, par exception, Bagnères est devenue une cité manufacturière, elle le doit à des étrangers.

Je n'entrerai pas ici dans une discussion de noms propres qui répugne toujours ; mais si je devais le faire, chacun sait que les noms les plus honorables viendraient se ranger sous ma plume, et que ces noms sont étrangers au pays.

Toutefois, me dira-t-on, bien avant l'époque actuelle, le commerce florissait dans la vallée d'Aure, et, durant de longues années cette belle vallée a vu ses habitants s'enrichir par leur industrie.

Quoique toute trace de commerce international avec l'Espagne soit effacée aujourd'hui; quoique les fabriques d'Aure soient presque réduites à néant, il n'en est pas moins vrai qu'au siècle dernier la vallée d'Aure a été le centre d'affaires considérables.

On se souvient encore de maisons importantes dont les relations s'étendaient au loin, dont les caisses étaient toujours pleines d'or et de valeurs espagnoles; et les noms de ces maisons sont des noms du pays.

Tout cela est bien vrai, mais qu'est-ce que cela prouve ? Pourquoi cette contrée si riche il y a cent ans est-elle si pauvre aujourd'hui ? N'est-ce pas parce que l'esprit de routine a pris le dessus sur l'esprit de progrès ? Parce que l'Aurois, si entreprenant jadis, alors que le mouvement industriel suivait d'un pas régulier une marche tracée d'avance, n'a pas su suivre l'impulsion générale, aujourd'hui que la vapeur nous fait marcher à pas de géant ? Et cette conclusion ne vient-elle pas à l'appui de ce que j'avançais tout à l'heure, que notre montagnard n'a pas l'esprit industrieux et qu'il ne sait pas comprendre le bien que lui procureraient les idées nouvelles ?

Cette tendance à se refuser à toute amélioration, à tout progrès, se retrouve surtout dans l'exploitation des Établissements thermaux. A Cauterets, à Barèges, à Bagnères, la nature prodigue de vrais océans d'une eau bienfaisante et salutaire entre toutes. L'hydrothérapie, grâce aux savants d'Allemagne, s'est élevée aujourd'hui au rang de science ; les moyens d'administrer le précieux élément sont aussi nombreux que variés, qu'ingénieux. Quels sont les emprunts faits par nos Thermes à ces célèbres établissements d'Outre-Rhin, ou à ceux moins fameux, qui entourent ou que renferme Paris ?

Je sais bien que les administrateurs répondront que tout est pour le mieux, qu'on fait chaque année des progrès, que tous les appareils sont parfaitement installés, etc..., etc...

Mais moi, qui suis l'écho de l'opinion publique, moi, qui représente à la fois, et le malade et l'habitant du pays, je répondrai nettement : Non, tout n'est pas pour le mieux.

Je n'ai point, en écrivant ces lignes, l'intention de faire de la critique ; quoiqu'elle me fut aisée, je garderai le silence ; pour guérir le mal il me faudra peut-être le signaler, mais là se bornera mon rôle. J'aime mieux indiquer le bien à faire que m'appesantir sur le mal que d'autres ont fait, ou laissé faire.

II.

Quoique livrés à eux-mêmes, les Établissements thermaux des Hautes-Pyrénées ont déjà su acquérir une importance réelle.

Si l'on en doutait, il me suffirait de quelques faits pour l'établir d'une manière irréfutable.

Depuis vingt ans le vieux Cauterets s'est reconstruit ; à la place de maisons basses, mal distribuées, on a bâti des maisons à plusieurs étages, presque des palais. En même temps s'élevaient des constructions nouvelles, en nombre plus que double des anciennes, et malgré ces augmentations énormes, qui parfois, dépassaient *deux cents lits*, d'une saison à l'autre, à un moment donné, tout était occupé. Preuve évidente de l'accroissement constant du nombre des baigneurs.

St-Sauveur a suivi la même marche quoique avec plus de modération.

Barèges, lui, est resté à peu près stationnaire. Avec ses avalanches et son torrent du Rieulet, Barèges s'agrandira difficilement ; mais aussi, l'encombrement qui n'existe dans les autres stations que pendant une ou deux semaines semble être l'état normal de Barèges. On se dispute les appartements comme on se dispute les bains, et ce n'est pas comme ailleurs, le droit du plus fort qui l'emporte, mais le droit du plus riche.

Je ne parlerai de Bagnères que pour mémoire ; chacun sait quel immense développement a pris dans cette ville l'industrie des logements, développement trop grand peut-être, car la concurrence exagérée amène toujours l'avilissement des prix.

Une autre preuve de la grande prospérité de nos Thermes, c'est l'immense quantité de commerçants divers qui y accourent, et qui n'y retourneraient pas, s'ils n'y trouvaient de grands avantages.

Enfin, pour en terminer avec ce sujet, je citerai un fait qui, pour l'observateur sérieux, n'est pas sans importance.

D'après des calculs très exacts la consommation de volaille, a atteint à Cauterets, il y a trois ans, — année ordinaire — le chiffre énorme de *soixante-dix* à *quatre-vingt mille* francs !

En supposant que la consommation de Cauterets soit le tiers

de la consommation totale, on obtient le chiffre assez rond de *deux cent cinquante mille* francs.

Deux cent cinquante mille francs jetés dans le pays pour un produit que le paysan obtient sans soins, sans peine, et qu'il considère comme un simple accessoire de sa culture ! (1)

Mais cette prospérité croissante ne doit pas nous énorgueillir : il ne faut pas s'endormir sur ces faciles succès ; il ne faut pas oublier le terrible exemple que nous fournissent les Eaux-Bonnes.

Préconisées par un savant médecin, les Eaux-Bonnes, regorgeaient chaque année de baigneurs, aussi avides de boire ces eaux bienfaisantes que d'écouter la parole consolatrice de l'illustre docteur.

Tout d'un coup, celui-ci est enlevé à ses amis, à son art; et les Eaux-Bonnes sont abandonnées. La saison de 1858 fut bien mauvaise, et celle de 1859 ne réparera pas les pertes de l'an passé.

La source des Eaux-Bonnes n'est cependant pas sans vertu. Pendant longtemps, elle s'est posée en rivale de la Raillère, cette source incomparable, à laquelle on ne connaît pas d'égale dans le monde.

Pourquoi donc, si les eaux n'ont pas changé, les baigneurs abandonnent-ils cette station, naguère si fréquentée ? C'est qu'aux Eaux-Bonnes on n'a rien fait pour eux. Pas de chemins, pas de Casino, pas de distractions, aussi les malades qui, tous, veulent être amusés, ont-ils quitté ces parages inhospitaliers.

A Cauterets, à Barèges, à Bagnères, l'affluence est encore immense : la vogue, — car, ne l'oublions pas, la mode a bien

---

(1) On pourrait encore établir l'importance des établissements par le chiffre des étrangers qui les visitent. Mais il n'existe pas de statistique à cet égard, et les nombres fournis par les commissaires de police de chaque localité sont si inexacts, qu'il m'est impossible d'y ajouter foi.

sa part, dans l'art de soulager l'humanité, — la vogue, dis-je, nous accorde un instant de répit. Sachons en profiter.

Ces conseils, bien des gens sensés les ont fait entendre avant moi : mais, comme Jean-Baptiste, tous ont parlé dans le désert. Les paroles de réforme ne trouvent pas l'écho dans les régions administratives. Car la réforme c'est le progrès, et le progrès c'est le mouvement et la vie. L'ignorance c'est le repos. (1)

Mais un bonheur inespéré nous arrive. L'Empereur, l'Empereur Napoléon III, le sauveur de la Sologne, le créateur de Biarritz, le fondateur de Plombières est déjà parmi nous.

Semblable à ces Dieux de la fable dont la présence seule suffisait à combler le pays qu'ils traversaient de tous les dons de la nature, Napoléon III laisse partout où il va des traces immortelles de son passage.

Heureux, mille fois heureux les grands de la terre qui savent emprunter de la divinité sa plus douce prérogative, faire le bien. Heureuses, mille fois heureuses, les contrées où de tels souverains portent leur pas, car ils y portent en même temps la vie et le bonheur.

Celui qui a terminé le Louvre, celui qui reconstruit Paris, sera frappé de l'état de dénûment de nos Thermes. Avec sa pénétration habituelle, il comprendra l'immense parti qu'on pourra, dans l'avenir, tirer de nos richesses hydrologiques : Il ne voudra pas les laisser à peu-près perdues; il nous enseignera, nous aidera à nous en servir, et dès-lors le pays entrera dans la vie nouvelle du progrès.

Entreprise gigantesque, immense pour quiconque n'est pas lui ! Pour l'Empereur, elle n'est plus qu'un jeu.

(1) Ces paroles ne sont pas à l'adresse de l'administration départementale : elles n'atteignent que les actes ou plutôt les *non-actes* des conseils municipaux ou commissions syndicales qui président aux destinées des Établissements thermaux. On doit, au contraire, les plus grands éloges à M. le préfet Garnier, qui, malgré le peu de temps qu'il a passé parmi nous, a déjà prouvé *par des actes* l'intérêt qu'il porte à nos Thermes.

En présence de son initiative toute puissante, les mauvais vouloirs s'effaceront. Le zèle remplacera l'apathie ; et celui-là même qui serait toujours resté dans une profonde inaction, s'empressera d'accomplir le désir impérial.

Mais ne me bercé-je pas d'espérances vaines ! Venu ici pour se reposer, l'Empereur voudra-t-il s'occuper des intérêts d'un pays perdu au fond des montagnes ? Absorbé par les hautes préoccupations de la politique européenne, daignera-t-il jeter un regard autour de lui ?

Oui, car il n'oubliera pas que c'est le département des Hautes-Pyrénées qui, le premier l'a acclamé Empereur : il n'oubliera pas que sa mère aimait aussi ce pays, et que son souvenir y est religieusement conservé. Il se souviendra qu'en faisant entrer nos établissements dans une voie nouvelle, ce n'est pas au pays seulement qu'il fera du bien, ce sera à l'humanité toute entière, puisque le globe entier nous envoie ses malades à soigner, à guérir.

Et puis, n'est-ce pas aussi une question d'amour-propre national ? En nous dotant de la Raillère et de Barèges, la nature a plus fait pour nous que pour l'Allemagne, à laquelle elle n'a accordé que des eaux d'une vertu douteuse.

Cependant l'Allemagne attire dans ses Thermes l'aristocratie européenne ; l'or même de la France va enrichir les Germains. Pourquoi ne pas lutter avec ces villes fameuses, avec Bade, Hombourg, etc.? Notre montagne est admirable; elle offre tous les genres de spectacles ; l'Europe n'a rien à comparer à Gavarnie, et elle nous envie la vallée de Campan, celle d'Argelés, et bien d'autres.

Pourquoi donc, alors, nos Thermes n'enlèveraient-ils pas à l'Allemagne sa brillante clientèle? Avec la santé qu'elle recouvrerait sûrement, ce qui est bien à considérer, elle trouverait encore des distractions nombreuses et variées.

Mais pour obtenir ce résultat il ne faut rien moins que l'intervention de l'Empereur. D'un mot il peut changer la face du pays : il peut faire éclore toutes ces merveilles. Ce mot, il le prononcera ; le passé est un sûr garant de l'avenir.

III.

Je vais indiquer quelques unes des améliorations qui me paraissent ou les plus urgentes, ou les plus fertiles en résultats. En terminant mon œuvre, je n'aurai pas la prétention d'avoir tout dit, je crois, au contraire, que l'on peut faire beaucoup plus et beaucoup mieux.

CAUTERETS. — Il est pour Cauterets deux questions principales : la construction de chemins et de promenades, et la création d'un Casino.

Il en est bien une autre, qui a son importance; mais celle-là est purement administrative. Je veux parler de l'autonomie de Cauterets, de sa séparation d'avec la Vallée de St-Savin. Question capitale, et dont personne ne se préoccupe, pas même les communes de la vallée, qui y sont cependant plus intéressées que Cauterets.

Puis, après ces questions souveraines, viennent se grouper des questions secondaires qui seront traitées en leur place.

Il est fort possible que tout le monde ne soit pas d'accord sur l'ordre à adopter pour les entreprises nouvelles ; il se peut qu'on ne mette pas en première ligne les chemins et le Casino. Très certainement le syndicat de la Vallée, se préoccupera davantage d'un établissement de bains nouveau, parce qu'avec des bains il peut espérer de promptes recettes, tandis que avec les chemins il ne doit compter que sur des dépenses.

Mais ceux qui tiennent peu à remplir la caisse de la Vallée, dont il n'entre jamais un sou dans la bourse des particuliers, aimeront mieux commencer par des dépenses qui augmenteront forcément le revenu des habitants de Cauterets. C'est une faiblesse fort pardonnable que de vouloir enrichir le public avec l'argent du public, non pas en le faisant passer par la caisse du receveur, qui ne le rend ensuite, qu'à bon escient, mais en le versant directement dans la poche de chacun de ceux qui composent ce public.

Ainsi, il est bien clair que la construction de chemins, profitera aux loueurs de chevaux, aux guides, aux selliers, etc. etc., que l'ouverture d'un Casino avec bals, fêtes de jour et de nuit, fera prospérer toutes ces industries fondées par la mode et par la vanité : que l'étranger, qui aujourd'hui s'ennuie à mourir, qui part au premier jour de pluie, prolongera son séjour, s'il s'amuse, de deux, quatre, huit jours ; que cette prolongation de séjour profitera au propriétaire de maison qui le loge, au maître d'hôtel qui le nourrit, etc.

Et ce sont les dépenses, qui amènent ces divers profits, profits dont chacun a sa part, que l'on appelle dépenses folles, dépenses improductives !

Voilà comment on raisonne dans le département des Hautes-Pyrénées. Et les gens qui raisonnent ainsi, se donnent le titre de sages !

Ainsi, c'est par les chemins, par une promenade surtout, qu'il faudrait commencer les travaux à Cauterets.

L'administration actuelle ferme les yeux, (et c'est un grave tort), sur l'immense danger que l'on court en laissant à la générosité d'un citoyen, le soin d'offrir un asile aux promeneurs de Cauterets. Que M. Brauhauban, dont on ne saurait trop louer la longanimité, ferme son parc, ou, ce qui est plus probable, qu'il le vende, qu'elle promenade le syndicat offrira-t-il en remplacement de celle-là ?

Aucune.

Que deviendront les baigneurs, sans promenade ?

Ils partiront; ils iront chercher ailleurs ce qu'on leur refuse à Cauterets.

Ce résultat est inévitable. Qu'on y prenne garde.

Toutefois il ne suffirait pas de procurer aux baigneurs des promenades, des chemins pour visiter ces montagnes si admirables.

La construction d'un établissement modèle, où l'on déploierait toutes les ressources de l'art hydrothérapique, est aussi d'une incontestable utilité.

Mais, pour le construire, il serait dangereux de suivre la voie suivie jusqu'ici, par exemple pour les Thermes des Espagnols et de Pause-Vieux. S'adresser à tel ou tel architecte, désigné d'avance, c'est adopter, aussi d'avance, son plan quel qu'il soit ; c'est presque toujours adopter un plan vicieux. Ne vaudrait-il pas mieux mettre ce projet au concours, avec des prix pour deux ou trois des concurrents évincés, ainsi qu'on l'a pratiqué pour le projet du Palais de justice de Tarbes ?

Mais avant d'ouvrir le concours, il serait bon de prier les nombreux médecins de la localité de donner leurs idées ; ces idées pourraient être soumises à la Société Académique de Tarbes, modeste mais utile institution. Cette société renferme dans son sein des médecins, des architectes, des artistes, qui tous ont une connaissance parfaite des lieux et des besoins, qui tous seraient appelés à émettre leur avis. De cette réunion sortirait un questionnaire, auquel on prierait l'Académie de médecine de répondre, et ce serait avec l'aide de toutes ces lumières réunies que serait tracé le programme destiné aux architectes.

Si j'ai tant insisté sur ce point, c'est que, d'après des renseignements certains, on n'a pas l'intention de prendre toutes ees précautions, et qu'il est dès-lors facile de prévoir une deuxième édition de cette belle œuvre qu'on nomme les Espagnols.

Le choix de l'emplacement où s'élèverait ce monument n'est pas sans importance. Selon moi sa place est marquée au pied de la montagne qui borde cette petite plaine, si parfaitement disposée pour l'agrandissement et l'embellissement de Cauterets, connue sous le nom de *Séquès*.

Tel qu'il existe aujourd'hui, Cauterets a une longueur hors de proportion avec sa largeur. D'après la tendance générale, et la disposition des lieux, qui ne permet guère de bâtir que vers le nord ou vers le midi, la ville tend à devenir un boyau comme St-Sauveur, comme Barèges.

Ne serait-ce pas un bien d'arrêter cette tendance qui rendra les relations de plus en plus difficiles, par un éloignement exagéré, par la pente naturelle du sol? Ne conviendrait-il pas dès-lors de créer un nouveau quartier, sur la rive gauche du Gave, dans cette prairie des *Séquès* et dans les prairies environnantes, tout au tour de l'établissement modèle?

Une place, plantée d'arbres, comme celle des Coustous, à Bagnères, serait ménagée devant les bains : puis une rangée de maisons, placée le long du gave arrêterait le bruit du torrent, comme celle qui existe le long de la rue de la Raillère, l'intercepte pour cette dernière rue. Il faudrait reconstruire le pont, tracer le nouveau quartier en amont de ce pont, en un mot prendre une foule de mesures de détail, entr'autres, l'adoption d'un plan général d'alignement, que la commune n'a jamais fait faire, pour économiser six cents francs!

Enfin, il est un dernier besoin auquel il importe de satisfaire : c'est le besoin religieux. Tout le monde a pu remarquer que la population flottante des stations thermales pratique assez exactement la religion. Catholique ou protestant, chacun veut pouvoir adresser ses prières au Très-Haut, suivant ses convictions ou ses habitudes.

L'Eglise de Cauterets est réellement trop petite ; il faudrait l'agrandir ou en construire une nouvelle. Un temple protestant est également réclamé par la présence à Cauterets, de nombreux adhérents de l'église réformée.

En résumé : pour que Cauterets, conserve sa prospérité actuelle, et la voie s'accroître chaque jour, il lui faut :

Des chemins, des chemins !

Une Promenade publique.

Un Casino.

Un Etablissement de bains bien installés.

Un nouveau quartier avec une place plantée d'arbres, et tout ce qu'entraîne une pareille création.

Tout cela pourra bien coûter un million, au moins.

Ce million, je n'ai pas la prétention de le prendre tout entier à l'Etat : mais l'Etat pourrait en fournir une partie ; le département donnerait aussi une forte subvention, et enfin, la Vallée, elle, ferait le reste.

Mais le syndicat, je le crains, n'oserait pas s'avanturer dans de telles entreprises, même avec la certitude d'être aidé, même avec l'exemple de Luchon. Qu'une voix auguste se fasse entendre, et le syndicat deviendra aussi courageux qu'il est craintif maintenant !

Je me suis longuement étendu sur Cauterets, pour deux raisons : d'abord Cauterets par le nombre, par la variété, par l'énergie de ses sources, par son développement inespéré, se place en première ligne. Ensuite le plan d'améliorations que j'ai développé pour Cauterets, est à peu près le même pour les autres localités. Je n'aurai donc pas à y revenir, il me suffira d'indiquer les modifications locales.

St-Sauveur. — St-Sauveur aura cette année la rare fortune de posséder Leurs Majestés Impériales. Celui qui a su inspirer les plans du nouveau Paris, sait aussi, quand il le faut, descendre dans les plus petits détails. Il ne m'appartient donc pas de dire ce qu'il faut à St-Sauveur. Une pensée plus élevée que la mienne saura bien faire, sans excitation, le bonheur de cette bourgade fortunée.

Barèges. — Par sa proximité de St-Sauveur, Barèges est aussi placé sous l'influence Impériale; aussi n'en parlerais-je pas non plus, si je n'avais à faire connaître au Souverain deux vœux, expression du désir unanime de la population.

Tel qu'il est, l'Établissement thermal de Barèges est dans un affreux état de délabrement. On espère en des travaux nouveaux, décidés m'a-t-on dit, sur les pressantes instances de M. Garnier, mais cet espoir ne peut-il pas être déçu? Pourquoi l'État, qui y possède déjà un hospice militaire, ne deviendrait-il pas propriétaire des sources?

Cela, j'en suis convaincu, répondrait au désir de la vallée entière.

Barèges est ravagé chaque année par un terrible fléau. Au printemps, une masse énorme de neige se détache de la montagne opposée à celle où il est bâti, et vient porter la dévastation dans le village. C'est ce qu'on nomme une avalanche, en patois *uo lit*.

Celui qui préserverait Barèges de ces ravages annuels serait son premier, son plus grand bienfaiteur, et mériterait sa reconnaissance éternelle.

Pendant longtemps on a cru à l'impossibilité de réaliser un pareil projet, car cette lutte de l'homme avec la nature terrifiait l'imagination. Mais aujourd'hui l'homme s'est enhardi, il a mieux conscience de sa force, une pareille entreprise ne l'effraie plus, et les esprits les plus timides, conçoivent l'espérance de la voir menée à bonne fin.

Je suis, ici, forcé d'entrer dans quelques explications techniques; qu'on m'excuse, je les crois indispensables pour faire comprendre les projets de suppression des avalanches.

Pendant l'hiver la neige tombe sur le sol de la montagne, qui offre, en général, un plan incliné, se rapprochant plus ou moins de la verticale, mais ne l'atteignant que par exception. Tant qu'il fait froid, la neige adhère au sol, et fait presque corps avec lui. Mais lorsque arrive le dégel, lorsque la température de l'air ambiant s'élève, la neige fond à la surface supérieure, l'eau provenant de la fonte de la première couche, s'infiltre dans la masse, parvient au sol, l'échauffe à un peu plus de zéro degré. Peu à peu, la neige inférieure, en contact avec un sol plus chaud qu'elle, fond à son tour, et dès-lors elle se trouve suspendue à une faible distance du sol. Ce phénomène se produisant sur une grande étendue, la masse de neige abandonnée à son propre poids, glisse peu à peu, et suit bientôt la marche bien connue des corps sur les plans inclinés, c'est-à-dire que sa vitesse va toujours croissant.

Celà étant posé, le problème de la suppression des avalanches se réduit à chercher le moyen d'empêcher la neige de glisser à l'époque du dégel.

Deux moyens se présentent à mon esprit pour arriver au but désiré.

Le premier, le plus simple, consiste à planter des arbres, sur la montagne d'*Eres-Lits* (des Avalanches), en commençant par le haut. Mais comme on ne pourra planter que sur des zones assez étroites, sous peine de voir les plantations inférieures disparaître sous la pression de la neige des parties supérieures, ce procédé exigera un temps immense, peut-être même plus de cents ans. Cela est un peu long, surtout pour une époque aussi pressée de jouir que la nôtre.

Le second serait, peut-être, plus dispendieux, mais théoriquement, du moins, il serait infaillible. Il consisterait à transformer la montagne en un vaste escalier, à marches inégales, et disposées d'après les divers plis du sol. Cette succession de plans horizontaux où la neige séjournerait jusqu'à sa fonte complète, et de plans verticaux où elle ne s'arrêterait pas durant l'hiver, me paraît très-propre à guérir radicalement le mal.

Je ne suis pas versé dans la science des travaux publics, et je sais d'ailleurs, qu'il existe un autre projet que le mien ; aussi n'ai-je fait connaître mes idées à ce sujet que parce qu'il me semble qu'en pareille matière on ne saurait avoir trop de lumières.

BAGNÈRES. — Bagnères est, sans contredit, le doyen des établissements thermaux des Pyrénées ; son existence du temps des Césars romains, est incontestablement établie, tandis qu'on n'a que des conjectures pour Barèges et pour Cauterets.

Au siècle dernier des écrivains célèbres, des femmes illustres, firent de Bagnères leur séjour favori. Selon moi la vallée de Campan fut trop vantée, ce qui occasionne aujourd'hui bien des mécomptes. Néanmoins cette heureuse cité fut longtemps la reine des Pyrénées. Aujourd'hui une chanson bien connue ne l'appelle plus que *séjour de plaisir et d'amour*, et je crois qu'elle a raison.

Comme intelligence, comme progrès, Bagnères marche à la tête des stations thermales du pays: de temps à autre l'administration semble, par une mesure nouvelle, s'avancer dans la voie du progrès. Puis elle s'arrête, peut-être parce qu'elle ne peut pas, et non parce qu'elle ne veut pas.

Bagnères possède dix-sept établissements thermaux, alimentés par un grand nombre de sources. Quelques uns appartiennent à la ville ; la plupart sont des propriétés particulières. Cette situation crée un antagonisme constant, entre les diverses exploitations, et amène l'avilissement extrême du prix des bains ou douches. Si cela a son bon coté, en ce sens que les bains sont a la portée de toutes les fortunes, cela a son grave inconvénient, puisque la valeur du bain comme médicament est dépréciée aux yeux du malade.

Il faut donc, et cela me paraît la première chose à entreprendre, exproprier pour cause d'utilité publique, et rendre la ville propriétaire de toutes les sources. Dès-lors, celle-ci relèverait les prix et construirait plusieurs autres établissements, d'après les plus récentes indications de la science. Ainsi l'on pourrait doubler en longueur, du coté du nord, le grand Etablissement, qui, outre les huit sources qui l'alimentent, pourrait réunir les dix autres sources qui sourdent comme *Salies* (1), sur la place du grand Etablissement, ou comme la fontaine Ferrugineuse sur le flanc de la montagne. On devrait également y amener Théas, Cazaux et Bellevue.

Les autres sources, grâce à la pente naturelle du sol, pourraient-être amenées *facilement*, sur l'emplacement de la maison Pinson, où l'on construirait un Etablissement annexe, pour leur exploitation.

Bagnères ne saurait se passer d'un Casino ; c'est pour lui un élément certain de prospérité. Cet établissement, qui doit toujours occuper un espace assez vaste, pourrait s'élever au

---

(1) La source de Salies, qu'on n'exploite pas aujourd'hui, est considérée par M. Filhol comme des plus précieuses. Elle renferme une quantité assez notable d'arséniate de fer, et débite par jour 75,000 litres d'eau à 51° 35 centigrades. On voit par ces chiffres l'immense parti qu'on en pourrait tirer,

milieu des deux propriétés de Mme Bordeu et de Mme de Beauregard. Là on pourrait réaliser des merveilles, entr'autres un jardin d'hiver, et des serres chaudes, chauffés par l'eau qui aurait servi aux bains, ou qui resterait non utilisée dans les Thermes.

Par son peu d'élévation au-dessus de la mer, par son climat, presque semblable à celui de Pau ou de Tarbes, Bagnères semble appelé à devenir une station d'hiver, comme il est déjà une station d'été : son musée, sa bibliothèque, ses collections d'histoire naturelle, la présence presque continuelle de savants étrangers, celle de quelques habitants instruits, font déjà de Bagnères une ville fort habitable.

Bientôt le chemin de fer projeté, viendra lui apporter une vie nouvelle. On n'a donc, pour ainsi dire, qu'à pousser Bagnères du doigt pour en faire une cité rivale de Bade et de Hombourg.

Qui donc la poussera ? Qui donc fera ce qu'elle ne peut pas faire à elle seule ? Qui ?

La réponse est sur toutes les lèvres.

D'ailleurs Bagnères est admirablement disposé pour voir s'élever un hôpital militaire. Outre qu'on peut se baigner toute l'année, le climat, dont la salubrité est proverbiale, aiderait à la guérison des convalescents : la proximité de Barèges, permettra d'y conserver les malades destinés à cette localité, et qui ne pourraient pas entreprendre de longs voyages.

Sous tous les rapports Bagnères mérite une attention toute spéciale. Un souverain aussi jaloux que Napoléon III de tout ce qui intéresse la prospérité publique, ne saurait manquer de la lui accorder.

CONCLUSION.

Quelques maisons de terre, un grand bâtiment en bois avec un trou au milieu, voilà ce qu'était, il y a trente années, le Mont-Dore.

Un homme s'est rencontré, qui, joignant le génie créateur à une persévérance infatigable, a su faire du Mont-Dore, l'une des premières stations thermales de France.

Qu'était Luchon il y a vingt ans ? un bourg à peine fréquenté par les gens du pays. Qu'est-il ajourd'hui ? Une riche et splendide cité.

Encore l'œuvre d'un homme de bien.

Peu d'années nous séparent de ces jours heureux, où les hôtels des Eaux-Bonnes étaient trop étroits pour recevoir leurs nombreux clients.

Un homme a disparu, et bientôt, je le crains, la splendeur des Eaux-Bonnes ne sera plus qu'un souvenir.

Ces exemples, dont la portée est facile à saisir, on les a cités bien des fois.

Mais quel pouvoir a la presse dans un pays, où la plupart des conseillers municipaux ne lisent qu'en épelant ?

Et pourtant le Créateur nous a fait riches entre tous, mais il n'a pas planté dans nos montagnes l'arbre de la science. Il n'a pas encore prononcé le solennel : *Fiat lux!*

Mais il est un homme auquel il a réservé de hautes destinées ; un homme qu'il a placé, non pas seulement à la tête de la France, mais qu'il a fait le premier en Europe.

Cet homme, ce souverain auguste est parmi nous. Nos plaintes parviendront jusqu'à lui, il comprendra nos vœux et les exaucera, car, suivant l'expression du poëte antique, les bienfaits tombent toujours de sa main ouverte.

www.ingramcontent.com/pod-product-compliance
Lightning Source LLC
Chambersburg PA
CBHW070501080426
42451CB00025B/3194